Proteine vegetali

50 gustose ricette a base di lenticchie, piselli, fagioli, tofu, quinoa...

Ricette di Catherine Moreau

Introduzione e consulenza
di Florence Solsona, medico nutrizionista

Fotografie di Marie-José Jarry

red!

SOMMARIO

• MINESTRE

• PIATTI CALDI

• MERENDE E PRIME COLAZIONI

I BENEFICI
delle proteine verdi

Le proteine sono, insieme ai glucidi e ai lipidi, uno dei tre macronutrimenti apportati dall'alimentazione indispensabili alla nostra sopravvivenza. Consistono in una catena di molecole chiamate "aminoacidi". Il nostro organismo, che ha bisogno di venti aminoacidi, ne sa fabbricare undici a partire da quelli che gli vengono forniti. Gli altri nove devono necessariamente essere contenuti nei cibi consumati. Si tratta degli aminoacidi essenziali.
Grazie alle proteine assicuriamo la crescita e il rinnovamento dei nostri tessuti. Esse giocano un ruolo importante in alcuni meccanismi indispensabili alla nostra salute, come la costruzione delle difese immunitarie, la digestione o il trasporto dell'ossigeno nel sangue. Per gli esseri umani, onnivori, esistono due fonti di proteine: le proteine di origine animale e quelle di origine vegetale, o "proteine verdi".

• *Le proteine di origine animale* •

Sono proteine di eccellente qualità nutrizionale, perché contengono tutti gli aminoacidi essenziali. Si trovano nella carne e nei suoi derivati (salumi), nel pesce, nei frutti di mare, nelle uova, nel latte e nei prodotti caseari. Tuttavia, spesso sono unite a grassi il cui consumo eccessivo può provocare diverse patologie. Inoltre il loro impatto ecologico è notevole, perché l'allevamento intensivo genera una parte non trascurabile delle emissioni di gas serra, senza parlare dell'inquinamento del terreno e delle falde freatiche da parte delle deiezioni animali che possono contenere ormoni o antibiotici.

• *Le proteine vegetali* •

Le proteine verdi hanno il vantaggio di essere contenute in alimenti spesso ricchi di glucidi complessi e di fibre, nutrienti molto benefici per la salute. Il loro indice glicemico è in genere basso, ed è per questo che trasmettono un senso di sazietà e sono interessanti nel controllo del peso corporeo e nella prevenzione delle malattie metaboliche. (L'indice glicemico corrisponde all'impatto dell'alimento sul tenore di zuccheri del sangue e sulla secrezione dell'insulina.) L'impatto ecologico è molto positivo, poiché la coltivazione dei vegetali contribuisce all'arricchimento dei terreni.

Tuttavia, alcune proteine di origine vegetale non contengono tutti gli aminoacidi essenziali. È importante, quando si desidera consumare soltanto proteine vegetali, combinarle tra loro. Associando cereali (riso, frumento, mais...) e leguminose (lenticchie, fave, piselli...) possiamo soddisfare tutte le nostre necessità. L'ideale sarebbe associarli durante uno stesso pasto o, almeno, nel corso della stessa giornata. Anch'essi ricchi di proteine, i semi oleaginosi (mandorle, nocciole, noci...) possono essere aggiunti a queste miscele. La cosa migliore è consumare anche latticini e uova per un apporto proteico completo.

• Perché consumare le proteine verdi? •

Da sempre i vegetariani sanno cucinare ogni tipo di piatto per mettere a profitto i benefici delle proteine verdi. Al giorno d'oggi sempre più persone scelgono di adottare un'alimentazione allo stesso tempo responsabile e benefica per la salute. Questi consumatori attenti, sensibili alla causa degli animali, allarmati per il loro futuro e per quello del pianeta, decidono di limitare l'assunzione di proteine animali. Alcuni stabiliscono alcuni giorni della settimana senza carne, altri riducono le porzioni. Qualunque sia la vostra motivazione, troverete in quest'opera diverse ricette, sane e appetitose, per cucinare gli alimenti che contengono le proteine verdi.

LE FONTI MIGLIORI
di proteine verdi

• Ceci •

Si trovano in vendita secchi o già cotti. Se li acquistate secchi, prima di cuocerli è opportuno lasciarli in ammollo una dozzina di ore. Si consumano caldi o freddi. Sono deliziosi aggiunti a puree (hummus) o minestre. La farina di ceci serve a preparare diverse specialità, come la farinata ligure.

* **Per 100 g di ceci cotti:** 8,86 g di proteine, 4,8 g di fibre.
* **Per 100 g di farina di ceci:** 22,5 g di proteine, 11 g di fibre. Ricca di vitamina B9.

• Piselli spezzati •

Si comprano secchi. In Occidente si consumano come minestra, mentre altrove, per esempio in India, sono presenti in molti piatti, soprattutto mescolati a cereali e spezie. Esistono anche la farina e i fiocchi di piselli.

* **Per 100 g di piselli spezzati cotti:** 8,6 g di proteine, 10,6 g di fibre. Ricchi di ferro e vitamine B1 e B9.

• Fave •

Sono semi, contenuti in un baccello, che si consumano crudi o cotti, dopo averne asportato lo spesso tegumento che li circonda.

* **Per 100 g di fave cotte:** 4,4 g di proteine, 3,3 g di fibre.
* **Per 100 g di fave crude:** 6,2 g di proteine, 4,6 g di fibre. Ricche di ferro.

• Lenticchie •

Si comprano secche o già lessate, in scatola. Sono eccellenti in insalata o nei piatti caldi. Ne esistono diverse varietà riconoscibili dal colore: lenticchie rosse, verdi, bionde...

* **Per 100 g di lenticchie cotte:** 9,4 g di proteine, 4,5 g di fibre. Ricche di ferro e vitamina B9.

Ceci

Piselli spezzati

Fave

Lenticchie rosse

Lenticchie verdi

Lenticchie bionde

• Fagioli bianchi o rossi •

Esistono tantissime qualità di fagioli secchi. Possono essere consumati caldi in piatti unici saporiti e nutrienti, o in insalata, soli o mescolati con altri legumi. Occorre tenerli a bagno prima di cuocerli.

* **Per 100 g di fagioli bianchi cotti:** 8,4 g di proteine, 6,3 g di fibre. Ricchi di ferro e vitamina B9.
* **Per 100 g di fagioli rossi cotti:** 8,6 g di proteine, 7,34 g di fibre. Ricchi di ferro e vitamina B9.

• Fagioli borlotti •

Si riconoscono per la buccia bianca venata di rosso. Hanno un gusto di nocciola molto gradevole.

* **Per 100 g di borlotti crudi:** 20,2 g di proteine, 23,2 g di fibre. Ricchi di calcio, ferro e magnesio.

• Fagioli azuki •

Chiamati anche "soia rossa", sono di colore rosso scuro ma di forma più arrotondata dei più comuni fagioli rossi. Sono molto utilizzati nelle cucine asiatiche, sia nei piatti salati sia in quelli dolci. I giapponesi ne ricavano una pasta dal gusto simile a quello della castagna, con cui decorano i dolci.

* **Per 100 g di azuki crudi:** 20 g di proteine, 12,7 g di fibre. Ricchi di ferro, magnesio, potassio e vitamina B.

• Fagioli mungo •

Sono piccoli fagioli di colore verde diffusi nelle cucine asiatiche. Necessitano di un ammollo di 4 ore circa.

Spesso se ne consumano i germogli, noti come "germogli di soia", mentre sarebbe corretto definirli "germogli di fagioli mungo".

* **Per 100 g di fagioli mungo crudi:** 25,2 g di proteine, 18,3 g di fibre.
* **Per 100 g di germogli di fagioli mungo:** 3,8 g di proteine,1,2 g di fibre. Ricchi di vitamine C ed E.

Fagioli bianchi

Fagioli rossi

Fagioli borlotti

Fagioli azuki

Fagioli mungo

Quinoa bianca

Mix di quinoa rossa e bianca

Edamame

Tempeh

Latte di soia

• Quinoa •

Pianta assimilata ai cereali, ricca di proteine e priva di glutine. Rappresenta un eccellente sostitutivo del riso, della semola o della pasta in piatti caldi o nelle insalate. Se ne ricavano anche una farina e dei fiocchi.

* **Per 100 g di quinoa cruda:** 13 g di proteine, 7 g di fibre. Ricca di ferro.

• Edamame •

Sono i fagioli di soia raccolti prima della completa maturazione. In Giappone sono consumati al momento dell'aperitivo, cotti e salati, ma niente impedisce di prepararli come contorno. Si trovano in commercio surgelati, in negozi specializzati.

* **Per 100 g di edamame:** 10,2 g di proteine, 4,8 g di fibre. Ricchi di ferro e vitamina C.

• Tempeh •

Preparazione a base di soia di origine indonesiana. I semi di soia immatura vengono cotti e spezzettati, poi messi a fermentare grazie all'aggiunta di un fungo. Al naturale o affumicato, il tempeh si presenta sotto forma di un panetto che si taglia a fette e si cuoce, spesso in padella. Si trova in vendita nel reparto dei cibi freschi di negozi specializzati in prodotti biologici.

* **Per 100 g di tempeh:** 18 g di proteine, nessuna fibra. Ricco di calcio, ferro e vitamine del gruppo B.

• Latte di soia •

Bevanda ricavata da una miscela di semi di soia macinati e acqua. A differenza dal latte vaccino, non contiene, al naturale, calcio. È un prodotto molto interessante per le persone intolleranti alle proteine del latte vaccino; pur non avendo lo stesso valore nutrizionale, lo può facilmente sostituire.

* **Per 100 g di latte di soia:** 2,9 g di proteine, tracce di fibre. Ricco di magnesio.

• Seitan •

Preparazione a base di glutine di frumento che si prepara in genere sotto forma di pasta venduta in blocchi. Si utilizza al posto della carne in piatti tradizionali cotti. È venduto nei negozi di prodotti biologici.

* **Per 100 g di seitan:** 28 g di proteine, nessuna fibra. Attenzione: è a base di glutine.

• Tofu •

Prodotto ottenuto da semi di soia ammollati e ridotti in una purea che si fa bollire e si setaccia. Il liquido ricavato viene fatto cagliare con l'aggiunta di un agente specifico. Il tofu, al naturale o affumicato, si presenta come un panetto facile da tagliare, che può essere cucinato o consumato crudo, in insalata. La versione cremosa si utilizza in preparazioni salate (minestre) o dolci; può anche sostituire le uova o delle sostanze grasse. È disponibile nei supermercati e nei negozi di prodotti biologici.

* **Per 100 g di tofu:** 11,5 g di proteine, 0,5 g di fibre. Ricco di calcio e magnesio.

• Semi germogliati •

Germogli giovani di leguminose (ceci, fagioli mungo, lenticchie...), di cereali (farro spelta, frumento...), di verdure (barbabietola, ravanello, crescione...) o di piante oleaginose (girasole, zucca...) che si nutrono delle riserve contenute nei semi messi in ammollo per renderne tenera la pelle. La germogliazione attribuisce ai semi proprietà nutrizionali (vitamine, sali minerali) molto più interessanti di quelle dei semi secchi.

Seitan

Tofu

Semi germogliati

FAR GERMOGLIARE
i semi

Ricchi di vitamine e minerali, i semi germogliati donano energia a tutti i nostri piatti... Si consumano crudi nelle insalate, su tartine, nelle minestre o nelle frittate... Potete cucinarli in padella, in particolare i germogli di ceci e di quinoa. È possibile anche integrarli a impasti per il pane o torte. Lasciatevi guidare dal vostro buon gusto.

I semi germogliati sono in vendita nel reparto verdure dei supermercati o dei negozi di prodotti biologici, ma è molto facile far germogliare i semi a casa propria.

• *Come procedere?* •

Scegliete preferibilmente semi biologici e verificate la data di scadenza sulla confezione, perché semi scaduti difficilmente germoglieranno. Se prevedete di far germogliare i semi con regolarità potreste acquistare un germogliatore, ma all'inizio è sufficiente un semplice vasetto da marmellata.

Le tappe:

* **La sera prima** riempite di semi un quarto del vasetto e versatevi dell'acqua fino al bordo. Lasciate riposare per tutta la notte a temperatura ambiente.
* **La mattina** scolate i semi e sciacquateli bene. Rimetteteli nel vasetto. Ricoprite il vasetto con una garza e fissatela con un elastico. Inclinate il vasetto e mettetelo su un piatto, in modo che questo raccolga l'acqua che uscirà nel corso della germogliazione.
* **La sera** scolate e sciacquate di nuovo i semi, poi rimetteteli nel recipiente con la garza, che inclinerete.
* **Per 2 o 3 giorni** ripetete l'operazione del risciacquo. Inizierete a veder comparire i germogli. La loro crescita andrà avanti per 8 giorni. Potrete quindi conservarli al fresco fino a due settimane.

IL PARERE DELLA NUTRIZIONISTA

I ceci sono un alimento ricco di proteine vegetali e povero di grassi. Apportano anche fibre che contribuiscono al buon funzionamento digestivo. Queste fibre hanno un forte potere saziante che consente un buon controllo del peso evitando la fame eccessiva. Questi ceci speziati sono un'eccellente alternativa ai soliti ceci tostati che si sgranocchiano all'aperitivo.

CECI *speziati*

PER 6 PERSONE
PREPARAZIONE: 10 MIN · COTTURA: 20 MIN

* 500 g di ceci in scatola
* 3 cucchiai di olio di oliva
* 1 cucchiaino di cumino in polvere
* 1 cucchiaino di pepe
* 1 cucchiaino di peperoncino in polvere
* 1 cucchiaino di sale

1 Preriscaldate il forno a 150 °C. Scolate i ceci e metteteli in un'insalatiera. Aggiungete l'olio di oliva, il cumino, il pepe, il peperoncino e il sale. Mescolate bene per ricoprire i ceci di questo condimento.

2 Ricoprite una placca di carta forno. Distribuitevi sopra i ceci e infornate per 20 minuti.

3 Lasciate raffreddare i ceci prima di servirli, per esempio all'ora dell'aperitivo.

CONSIGLIO: Questi ceci si conservano molto bene. Se li mettete in un contenitore ermetico, potrete sgranocchiarli per due settimane.

IL PARERE DELLA NUTRIZIONISTA

L'hummus è una purea a base di ceci molto popolare nella cucina orientale, in cui è spesso associato a una purea di sesamo, la tahina. Qui il sesamo è presente sotto forma di semi nei cracker. L'hummus apporta tutti i benefici dei ceci: manganese, rame e quella vitamina B9 (chiamata anche acido folico) tanto importante per le donne che desiderano un figlio (vedi anche pag. 34).

CRACKER DI QUINOA E FARRO *con hummus*

PER 6 PERSONE
PREPARAZIONE: 20 MIN · COTTURA: 15 MIN

Per i cracker

- 100 g di farina di quinoa, bianca o integrale
- 150 g di farina di farro spelta
- 1 cucchiaino di peperoncino in polvere
- 1 cucchiaino di sale
- 4 cucchiai di olio di oliva
- 1 cucchiaio di semi di sesamo

Per l'hummus

- 250 g di ceci in scatola
- 1 spicchio di aglio
- 1 yogurt greco (125 g)
- olio di oliva
- paprika affumicata
- sale

1 Preparate la pasta per i cracker. Preriscaldate il forno a 180 °C. Ricoprite una placca di carta forno. In una ciotola mescolate le farine, il peperoncino e il sale. Versate l'olio e 5 cucchiai di acqua, e impastate fino a raggiungere una pasta omogenea (aggiungete un po' di acqua se la pasta risulta troppo secca).

2 Stendete la pasta su un piano di lavoro infarinato, in uno spessore di 3 mm. Cospargete i semi di sesamo. Con l'aiuto di un tagliapasta (o di un coltello affilato), ritagliatela in rettangoli, o in altre forme, e ponete i cracker sulla placca. Infornate per 15 minuti, fino a che saranno dorati e croccanti. Lasciateli raffreddare completamente.

3 Preparate l'hummus. Sgocciolate i ceci. Mescolateli con l'aglio e lo yogurt, salate. Versate il preparato in una ciotola, versate un filo di olio e insaporite con un pizzico di paprika.

4 Al momento di servire, ognuno potrà spalmare sui suoi cracker un po' di hummus.

VARIANTE
Per un gusto più caratteristico, sostituite il peperoncino con 2 cucchiai di semi di cumino.

IL PARERE DELLA NUTRIZIONISTA

La carota è un ortaggio il cui tenore di zucchero aumenta con il livello di maturazione. Il suo magnifico colore arancione segnala la presenza importante del carotene, un precursore della vitamina A. Il carotene sopporta bene il calore e quindi le carote cotte ne contengono quanto le crude.
La curcuma è una spezia usata tradizionalmente per le sue qualità antinfiammatorie.

TARTINE CON PESTO DI LENTICCHIE ROSSE
e carote speziate

PER 4 PERSONE
PREPARAZIONE: 15 MIN - COTTURA: 20 MIN

* 150 g di lenticchie rosse
* zenzero fresco (2 cm di lunghezza)
* curcuma fresca (1 cm di lunghezza)
* 1 cipolla
* 1 chiodo di garofano
* 4 fette di pane di segale
* 200 g di carote
* 1 cucchiaio di olio di oliva
* 2 cucchiai di semi di zucca
* ½ cucchiaino di cumino in polvere
* sale e pepe

1 Sbucciate lo zenzero e la curcuma. Sbucciate la cipolla e conficcate in essa il chiodo di garofano. Fate cuocere per 20 minuti le lenticchie in 40 cl di acqua con lo zenzero, la curcuma e la cipolla. Scolatele e schiacciatele; salate e pepate. Fatele raffreddare.

2 Pelate e grattugiate le carote. In una ciotola mescolatele con l'olio, i semi di zucca, il cumino, sale e pepe.

3 Spalmate sulle fette di pane il pesto di lenticchie e distribuitevi sopra la preparazione alle carote. Consumate subito.

CONSIGLIO: Se non avete a disposizione né lo zenzero né la curcuma freschi, usate le versioni in polvere (1 cucchiaino di ciascuna spezia).

BUONO A SAPERSI: Potete preparare il pesto di lenticchie con lenticchie verdi. Fatele cuocere per almeno 35 minuti, affinché diventino tenere.

IL PARERE DELLA NUTRIZIONISTA

Ecco una ricetta a base di verdure fresche ricca di proteine, grazie alla presenza delle fave e dei piselli, che figurano tra i vegetali più proteici. L'associazione di queste proteine e di quelle apportate dal pane integrale e dal formaggio consente di compensarne la debolezza di alcuni aminoacidi essenziali.

TARTINE AL PESTO
di fave e piselli

PER 4 PERSONE
PREPARAZIONE: 10 MIN · COTTURA: 15 MIN

* 200 g di piselli, freschi o surgelati
* 200 g di fave sbucciate, fresche o surgelate
* 4 fette di pane integrale
* 1 spicchio di aglio
* 20 foglie di menta
* 100 g di ricotta di pecora o di capra
* 2 cucchiai di olio di oliva
* sale e pepe

1 Fate cuocere i piselli e le fave per 10 minuti in acqua bollente salata. Scolateli e fateli raffreddare in acqua fredda con cubetti di ghiaccio: in questo modo i legumi manterranno il loro bel colore verde.

2 Tostate il pane. Sbucciate lo spicchio di aglio, tagliatelo in due e strofinatelo sul pane. Tritate la menta.

3 Scolate i piselli e le fave, schiacciateli grossolanamente. Incorporate la ricotta, la menta e l'olio, salate e pepate. Spalmate il composto sulle fette di pane e servite subito.

CONSIGLIO: Queste tartine sono deliziose anche se si utilizza il famoso pane di segale tedesco, il Vollkornbrot.

IL PARERE DELLA NUTRIZIONISTA

L'associazione di quinoa, piselli secchi e formaggio rende questa terrina un'ottima fonte di proteine di eccellente qualità. La combinazione di aminoacidi diversi è molto benefica.

Questa terrina è anche ricca di fibre che facilitano il transito intestinale. Infine, coloro che sorvegliano il loro peso o la loro glicemia ne apprezzeranno l'indice glicemico basso.

TERRINA DI VERDURE *ai piselli secchi*

PER 6 PERSONE
PREPARAZIONE: 10 MIN · RIPOSO: 15 MIN · COTTURA: 1 H

1 In una padella calda tostate a secco i pinoli. Mettete i due tipi di fiocchi a gonfiare nel latte per 15 minuti.

2 Preriscaldate il forno a 180 °C. Sbattete le uova e aggiungetele ai fiocchi. Mescolate, poi incorporate le verdure grattugiate, il formaggio spezzettato e i pinoli. Salate e pepate. Versate il preparato in una terrina (o in uno stampo da dolci) lunga 25 cm, precedentemente imburrata.

3 Preparate un bagnomaria: mettete la terrina in un recipiente da forno dal bordo alto, poi versate acqua calda fino a metà del bordo. Infornate per 1 ora. Sformate la terrina di verdure e fatela intiepidire o raffreddare completamente prima della degustazione.

CONSIGLIO: Per questa terrina tutte le verdure sono le benvenute… purché siano di stagione!

* 30 g di pinoli
* 100 g di fiocchi di piselli secchi
* 100 g di fiocchi di quinoa
* 35 cl di latte di soia o di mucca
* 2 uova
* 300 g di verdure grattugiate (zucchina, sedano rapa, carota, barbabietola cruda...)
* 150 g di formaggio di capra fresco
* burro per imburrare la terrina
* sale e pepe

IL PARERE DELLA NUTRIZIONISTA

Gli edamame sono i fagioli di soia raccolti prima della completa maturazione. Sono ricchi di proteine di ottima qualità e poveri di grassi saturi (quelli implicati nelle malattie cardiovascolari). Apportano anche ferro e vitamina C, la cui associazione è molto interessante perché la vitamina C favorisce l'assorbimento del ferro da parte dell'organismo.

EDAMAME *all'agrodolce*

PER 6 PERSONE
PREPARAZIONE: 10 MIN · COTTURA: 4 MIN

* 500 g di edamame surgelati

Per la salsa
* 1 peperoncino rosso
* 3 cucchiai di salsa di soia
* 1 cucchiaino di olio di sesamo
* 1 cucchiaino di miele

1 Fate cuocere gli edamame per 4 minuti in acqua bollente. Scolateli.

2 Preparate la salsa. Tagliate a metà il peperoncino, levatene i semi e tritatelo finemente. In una scodella mescolate la salsa di soya, l'olio di sesamo, il miele e il peperoncino.

3 Versate la salsa sugli edamame ancora tiepidi e degustate subito.

BUONO A SAPERSI: Gli edamame sono in vendita in alcuni negozi di surgelati e in negozi specializzati in prodotti asiatici.

AVVISO PER I NEOFITI

Il baccello degli edamame non si consuma! Occorre aprirlo per mangiare i semi.

IL PARERE DELLA NUTRIZIONISTA

Il principale interesse nutrizionale di questa ricetta è l'associazione di lenticchie, ricche di ferro, e melagrana, il cui importante tenore di vitamina C aumenta la disponibilità del ferro.

Sappiate anche che nel tempeh le proteine dei semi di soia sono rese molto digeribili dalla fermentazione, senza che gli altri nutrimenti siano alterati.

INSALATA DI LENTICCHIE
con tempeh e melagrana

PER 4 PERSONE
PREPARAZIONE: 15 MIN · COTTURA: 30 MIN

* 500 g di lenticchie verdi
* 1 rametto di timo
* 2 foglie di alloro
* 1 cipolla
* 200 g di tempeh
* 4 cucchiai di olio di oliva
* ½ melagrana
* 200 g di un misto di insalatine (spinaci teneri, portulaca oleracea, valeriana...)
* 2 cucchiai di aceto balsamico
* sale e pepe

1 Fate cuocere le lenticchie per 30 minuti in abbondante acqua bollente, con il timo, l'alloro e la cipolla; salate alla fine della cottura. Scolatele e raffreddatele sotto l'acqua corrente.

2 Tagliate il tempeh a fette di 1 cm di spessore e tagliate ogni fetta in quattro. Mettete 1 cucchiaio di olio a scaldare in una padella e fate rinvenire il tempeh 2 minuti per lato.

3 Sgranate la mezza melagrana. In un'insalatiera mescolate le lenticchie, l'insalata, 2 cucchiai di olio, l'aceto balsamico, sale e pepe. Suddividete il preparato in quattro piatti. Aggiungete il tempeh e i chicci di melagrana. Servite subito.

BUONO A SAPERSI: Le melagrane migliori si trovano da novembre a febbraio. Al di fuori di questo periodo potete sostituirne i chicchi con pezzi di agrumi, kiwi o mele Granny Smith.

IL PARERE DELLA NUTRIZIONISTA

I germogli di fagioli mungo, impropriamente chiamati "germogli di soia", sono ricchi di fibre e vitamine, soprattutto C ed E. I broccoli e il limone rappresentano anch'essi una fonte molto importante di vitamina C, cosa che rende questa ricetta un'alleata ideale per la lotta contro i disturbi invernali. Attenzione! Le persone che non devono assorbire troppa vitamina K (vitamina coinvolta nella coagulazione del sangue) consumeranno quest'insalata con moderazione, perché sia i fagioli mungo sia i broccoli ne contengono molta.

INSALATA DI GERMOGLI DI FAGIOLI MUNGO *con broccoli*

PER 4 PERSONE
PREPARAZIONE: 10 MIN · COTTURA: 10 MIN

* 1 broccolo
* 300 g di germogli di fagioli mungo

Per la salsa
* 2 limoni
* 2 cucchiai di olio di oliva
* 1 cucchiaino di olio di sesamo
* 1 cucchiaino di salsa di soia

1 Lavate il broccolo e separate le cimette. Fatele cuocere a vapore per 10 minuti, poi lasciatele raffreddare.

2 Preparate la salsa. Tritate finemente la scorza di 1 limone e mettetela da parte. Spremete i due limoni. In una scodella mescolate il succo di limone con gli oli e la salsa di soia.

3 In un'insalatiera disponete le cimette di broccolo e i germogli. Versate la salsa e mescolate. Cospargete la scorza di limone grattugiata e servite subito.

VARIANTE: Per accentuare il gusto di quest'insalata aggiungete un pezzetto (1 cm circa) di zenzero fresco grattugiato.

IL PARERE DELLA NUTRIZIONISTA

Essendo una verdura-radice, il ravanello non è esposto alla luce durante la sua crescita, fatto che preserva le vitamine contenute. Inoltre viene consumato crudo e ciò evita l'alterazione delle vitamine con la cottura. Il ravanello fornisce vitamina C e la maggioranza di quelle del gruppo B. Il suo importante tenore di potassio e la relativa povertà di sodio ne fanno una verdura ricercata per le sue proprietà drenanti.

INSALATA DI CECI
con ravanelli, ciliegini e asparagi

PER 4 PERSONE
AMMOLLO: 12 H · PREPARAZIONE: 15 MIN · COTTURA: 1 H

* 400 g di ceci secchi
* 1 dado da brodo vegetale
* 12 asparagi verdi
* 1 mazzetto di ravanelli
* 200 g di pomodori ciliegini
* 3 cipolline col gambo
* sale e pepe

Per il condimento

* 1 cucchiaio di olio di noce
* 1 cucchiaio di olio di oliva
* 1 cucchiaio di aceto di Jerez

1 La sera prima mettete a bagno i ceci e lasciateveli per 12 ore. Il giorno dopo sciacquateli e fateli cuocere in abbondante acqua bollente, per 1 ora. Scolateli e poi raffreddateli sotto l'acqua corrente.

2 Nel frattempo fate cuocere gli asparagi per 5 minuti in acqua bollente salata. Lasciateli raffreddare. Affettate i ravanelli. Tagliate in due i ciliegini. Affettate le cipolline, compresi i gambi.

3 Preparate il condimento emulsionando, in un vaso, gli oli e l'aceto.

4 In un'insalatiera mescolate i ceci, i pomodori, gli asparagi, le cipolle e i ravanelli. Salate e pepate. Versate il condimento e mescolate ancora. Servite subito.

CONSIGLIO
Le insalate a base di leguminose sono più buone il giorno dopo, perché profumi e aromi si saranno ben diffusi.

IL PARERE DELLA NUTRIZIONISTA

Le bacche di goji sono apprezzate per le loro proprietà antiossidanti e il forte tenore di vitamine. Contengono anche sostanze dalle proprietà antinfiammatorie e proteine di eccellente qualità. Ecco dunque un'insalata raccomandabile per gli organismi debilitati ma anche per i fumatori, le cui necessità di vitamine e antiossidanti sono elevate.

INSALATA DI FAVE

con bacche di goji e coriandolo

PER 4 PERSONE
PREPARAZIONE: 15 MIN · COTTURA: 5 MIN

* 400 g di fave sbucciate e pelate
* 2 mele
* 50 g di nocciole
* 1 mazzetto di coriandolo
* 100 g di bacche di goji

Per la salsa

* 1 cucchiaio di olio di noci
* 1 cucchiaio di olio di oliva
* 1 cucchiaio di senape
* 1 cucchiaio di miele

1 Fate cuocere le fave in acqua bollente salata per 5 minuti. Scolatele e fatele raffreddare sotto l'acqua corrente.

2 Tagliate in quattro le mele, asportate i semi e grattugiatele. Tritate grossolanamente le nocciole. Tritate il coriandolo.

3 Preparate la salsa mescolando, in una coppa, gli oli, la senape e il miele.

4 In un'insalatiera capiente mescolate le fave, le bacche di goji, le mele e le noci. Versate la salsa e mescolate ancora. Cospargete il coriandolo e servite subito.

IL PARERE DELLA NUTRIZIONISTA

Le lenticchie verdi sono ricche di proteine e anche di fibre, ferro, magnesio e vitamine del gruppo B. È interessante associare a questa insalata un dessert ricco di vitamina C, per esempio una macedonia di arance e kiwi, allo scopo di aumentare l'assorbimento del ferro. Potreste anche iniziare il pasto con un succo di agrumi.

INSALATA DI LENTICCHIE VERDI

con telline e olive

PER 4 PERSONE

PREPARAZIONE: 15 MIN · MARINATURA: 30 MIN · COTTURA: 35 MIN

* 1 cipolla rossa
* Il succo di 1 limone
* 400 g di lenticchie verdi
* 1 dado da brodo vegetale
* 100 g di olive verdi
* 100 g di telline cotte, senza conchiglie

Per la salsa

* 1 mazzetto di aneto
* 1 cucchiaio di olio di oliva
* il succo di 1 limone

1 Sbucciate e affettate la cipolla. Fatela marinare nel succo di limone per 30 minuti. Nel frattempo fate cuocere le lenticchie per 35 minuti, con il dado, in abbondante acqua bollente. Scolatele e poi fatele raffreddare sotto l'acqua corrente.

2 Preparate la salsa. Tagliuzzate l'aneto. In una ciotola mescolate l'olio, il succo di limone e l'aneto, salate e pepate.

3 Tagliate in pezzi le olive. In un'insalatiera capiente mescolate le lenticchie, le telline, le olive, la cipolla con il suo succo e la salsa. Servite subito.

VARIANTE: Sostituite le telline con altrettante cozze.

IL PARERE DELLA NUTRIZIONISTA

La miscela di oli usata per questa ricetta le conferisce un eccellente tenore di acidi grassi polinsaturi (omega 3 e 6), importante soprattutto nella prevenzione delle malattie cardiovascolari. Tuttavia, quando si usa l'olio di lino occorre qualche precauzione: deve essere consumato entro tre mesi dall'apertura della bottiglia e conservato nel frigorifero. Non è adatto ai bambini molto piccoli e non deve essere riscaldato perché la degradazione degli acidi grassi lo rende tossico.

INSALATA DI FAGIOLI MUNGO,
con tofu marinato e grigliato

PER 4 PERSONE
AMMOLLO: 4 H · PREPARAZIONE: 15 MIN · COTTURA: 1 H CIRCA
REFRIGERAZIONE: 1 H

* 400 g di fagioli mungo
* 1 dado da brodo vegetale
* 400 g di tofu
* 1 spicchio di aglio
* zenzero fresco (1 cm di lunghezza)
* 2 cucchiai di olio di oliva
* il succo di 1 limone
* 400 g di valeriana o di spinaci teneri
* sale e pepe

Per il condimento

* 1 cucchiaio di olio di noci
* 1 cucchiaio di olio di lino
* 1 cucchiaino di aceto di sidro

1 Mettete i fagioli in ammollo per 4 ore. Sciacquateli e poi fateli cuocere per 1 ora in abbondante acqua bollente, con il dado.

2 Nel frattempo tagliate il tofu in pezzetti da 5 mm di spessore e metteteli in una fondina. Pelate l'aglio e schiacciatelo. Sbucciate e grattugiate lo zenzero. In una ciotola mescolate l'olio di oliva, il succo di limone, l'aglio e lo zenzero. Versate sul tofu e tenete al fresco per almeno 1 ora.

3 Scolate le lenticchie e poi raffreddatele sotto l'acqua corrente. Fate grigliare il tofu in una padella antiaderente, 2 minuti per ciascun lato, a fuoco vivo. Mescolate i fagioli mungo e la valeriana in un'insalatiera.

4 Preparate il condimento. In una ciotola emulsionate l'olio di noci, l'olio di lino e l'aceto, salate e pepate. Versate sull'insalata, che servirete insieme al tofu grigliato.

VARIANTE: Se non trovate l'olio di lino, potete sostituirlo con olio di nocciole.

IL PARERE DELLA NUTRIZIONISTA

Il processo di germogliazione modifica le qualità nutrizionali dei semi. Essi diventano più digeribili e il loro tenore di vitamina C e acido folico (vitamina B9) aumenta. La germgliazione, però, rende i semi più vulnerabili alle contaminazioni batteriche.

Conviene quindi fare attenzione alla loro provenienza, specialmente quando si consumano i germogli crudi. Se li producete in casa, rispettate le elementari regole igieniche durante le varie manipolazioni.

COLESLAW *ai semi germogliati*

PER 4 PERSONE
PREPARAZIONE: 10 MIN - REFRIGERAZIONE: 1 H

* 2 carote
* ½ sedano rapa
* 250 g di semi germogliati (lenticchie, ceci, fagioli mungo, fagioli...)

Per la salsa

* 2 cucchiai di aceto di mele
* 2 cucchiai di olio di oliva
* 2 cucchiai di panna di soia o di panna da cucina
* 1 cucchiaino di senape

1 Pelate le carote e il sedano rapa e grattugiateli finemente. Preparate la salsa mescolando, in una ciotola, l'aceto, l'olio, la panna di soia e la senape.

2 Mettete le carote, il sedano rapa e i germogli in un'insalatiera. Versate il condimento e mescolate. Tenete al fresco per 1 ora prima di servire.

VARIANTE: Potete unire a quest'insalata striscioline di verza bianca o di cavolo cinese. Oltre ai semi germogliati (o al loro posto) cospargete il coleslaw di semi di zucca, di sesamo o di girasole.

IL PARERE DELLA NUTRIZIONISTA

I fagioli bianchi sono ricchi di vitamina B9 (o acido folico), indispensabile alla formazione del sistema nervoso dell'embrione. Si consiglia quindi a tutte le donne che prevedono una gravidanza di aumentare il consumo di questa vitamina, per evitarne la carenza nelle prime settimane di gestazione, periodo cruciale per lo sviluppo del sistema nervoso dell'embrione.

INSALATA DI FAGIOLI BIANCHI, *rucola e pomodori secchi*

PER 4 PERSONE
AMMOLLO: 12 H · PREPARAZIONE: 15 MIN · COTTURA: 1 H

* 400 g di fagioli bianchi
* 1 dado da brodo vegetale
* 200 g di pomodori secchi o sott'olio
* 200 g di rucola

Per la salsa

* 1 spicchio di aglio
* 2 cucchiai di olio di oliva
* 1 cucchiaio di aceto balsamico
* 40 g di parmigiano grattugiato

1 La sera prima mettete a bagno i fagioli e lasciateveli per 12 ore. Il giorno dopo fateli cuocere per 1 ora in abbondante acqua bollente, con il dado. Scolateli e poi raffreddateli sotto l'acqua corrente.

2 Preparate la salsa. Sbucciate lo spicchio di aglio e schiacciatelo. In una ciotola mescolate l'olio, l'aceto e il parmigiano.

3 Tagliate a fettine i pomodori. Ponete la rucola, i pomodori e i fagioli in un'insalatiera, poi versate il condimento e mescolate. Servite subito.

CONSIGLIO: Chi vuole accorciare i tempi può realizzare quest'insalata con fagioli bianchi in scatola.

IL PARERE DELLA NUTRIZIONISTA

Le paste a base di farina di grano saraceno possono essere consumate da tutti coloro che sono intolleranti al glutine. L'apporto di proteine del grano saraceno è molto equilibrato quanto agli aminoacidi. In quest'insalata l'equilibrio è rafforzato dall'utilizzo del tofu. Attenzione! Il grano saraceno presenta rischi di allergie importanti e quindi deve essere consumato con precauzione da parte di persone allergiche a molte sostanze.

INSALATA DI TAGLIOLINI SOBA
con tofu e semi germogliati

PER 4 PERSONE
PREPARAZIONE: 15 MIN · COTTURA: 30 MIN CIRCA

* 250 g di tagliolini soba (di grano saraceno)
* 4 cucchiai di semi di sesamo
* 400 g di tofu
* 2 cucchiai di olio di oliva
* 1 cipollotto con il gambo
* 100 g di semi germogliati

Per la salsa
* 5 cucchiai di salsa di soia giapponese
* 2 cucchiai di aceto di riso
* 2 cucchiai di olio di sesamo
* 2 cucchiai di miele liquido

1 Fate cuocere i tagliolini per 6 minuti in abbondante acqua bollente salata. Nel frattempo tostate i semi di sesamo a secco in una padella. Quando i tagliolini saranno pronti, scolateli e tuffateli in acqua fredda. Scolateli nuovamente.

2 Tagliate a fette il tofu e fatelo rinvenire nell'olio per 3 minuti da ciascun lato. Sbucciate e affettate il cipollotto.

3 Preparate la salsa mescolando tutti gli ingredienti in un'insalatiera. Condite i tagliolini. Aggiungete il tofu, il cipollotto e i semi germogliati. Insaporite con i semi di sesamo e servite subito.

CONSIGLIO: Per questa ricetta sono adatti tutti i semi germogliati: delle lenticchie, della quinoa, dei piselli secchi... Scegliete a vostro gusto!

IL PARERE DELLA NUTRIZIONISTA

L'orzo perlato è un cereale ricco di proteine, fibre e antiossidanti (la vitamina E, per esempio), che proteggono le cellule dall'invecchiamento dovuto ai radicali liberi. Il suo tenore di magnesio e fosforo non è da trascurare. Tuttavia contiene glutine e quindi non deve essere consumato dalle persone intolleranti.

INSALATA TIEPIDA DI ORZO
e tofu marinato con alghe wakame

PER 4 PERSONE
PREPARAZIONE: 15 MIN · REFRIGERAZIONE: 1 H · COTTURA: 30 MIN

* 200 g di tofu affumicato
* ½ cipolla
* 1 spicchio di aglio
* 3 cucchiai di wakame in scaglie
* il succo di 1 limone
* 2 cucchiai di olio di oliva
* 400 g di orzo perlato
* sale e pepe

1 Tagliate a cubetti il tofu. Affettate la cipolla. Sbucciate e schiacciate l'aglio. Mettete il tofu in una fondina, aggiungete le scaglie di wakame, il succo di limone, la cipolla, l'aglio e 1 cucchiaio di olio. Salate e pepate. Tenete al fresco per 1 ora.

2 Fate cuocere l'orzo per 30 minuti in abbondante acqua bollente salata. Scolatelo e versatelo in un'insalatiera. Versate 1 cucchiaio di olio e mescolate.

3 Al momento di servire aggiungete il tofu e la sua marinata e mescolate. Consumate subito.

VARIANTE: Potete sostituire l'orzo perlato con farro piccolo.

IL PARERE DELLA NUTRIZIONISTA

Il cavolfiore è ricco di vitamina C, il cui tasso diminuisce molto poco dopo la raccolta e resta stabile con la cottura. Contiene anche calcio e magnesio.

L'associazione di cavolfiore e lenticchie è interessante perché la vitamina C del primo aumenta l'assorbimento del ferro contenuto nelle seconde.

TABULÈ DI LENTICCHIE VERDI
e cavolfiore con salmone affumicato

PER 4 PERSONE
PREPARAZIONE: 10 MIN · COTTURA: 25 MIN

* 200 g di lenticchie verdi
* 1 cavolfiore
* 200 g di salmone affumicato
* 1 mazzetto di erba cipollina
* 20 foglie di menta
* il succo di 1 limone
* 2 cucchiai di olio di oliva
* sale e pepe

1 Fate cuocere le lenticchie per 20 minuti in abbondante acqua; salate alla fine della cottura. Scolatele e raffreddatele sotto l'acqua corrente.

2 Lavate il cavolfiore e staccate le cimette. Passatele in un tritatutto fino a ottenere una semola fine. Tuffate la semola per 3 minuti in acqua bollente salata. Scolatela e raffreddatela sotto l'acqua corrente.

3 Tagliate il salmone in striscioline. Tritate l'erba cipollina e le foglie di menta.

4 In un'insalatiera mescolate il cavolfiore e le lenticchie. Aggiungete il succo di limone, l'olio, la menta e l'erba cipollina; mescolate nuovamente. Posate sopra l'insalata i pezzetti di salmone e servite.

CONSIGLIO: Il cavolfiore non vi piace? Utilizzate semola di grano.

IL PARERE DELLA NUTRIZIONISTA

L'alfalfa è il seme di erba medica germogliato. Il processo di germinazione la rende un'importante fonte di vitamine, sali minerali e proteine.

In questi bagel le proteine dei semi germogliati si aggiungono a quelle del tofu e delle fave formando un interessante insieme di aminoacidi.

BAGEL CON PUREA DI FAVE *e tofu*

PER 4 PERSONE
PREPARAZIONE: 15 MIN · COTTURA: 15 MIN CIRCA

* 200 g di fave sbucciate e pelate
* 1 spicchio di aglio
* il succo di ½ limone
* 2 cucchiai di olio di oliva
* ½ cucchiaino di cumino in polvere
* 4 bagel
* 200 g di tofu, al naturale o affumicato
* 60 g di alfalfa (germogli di erba medica)
* sale e pepe

1 Fate cuocere le fave per 10 minuti in acqua bollente salata. Scolatele e raffreddatele in acqua fredda con cubetti di ghiaccio: in questo modo manterranno il loro bel colore verde. Scolatele di nuovo.

2 Frullate le fave con lo spicchio di aglio sbucciato, il succo di limone, l'olio, il cumino, sale e pepe, fino a ottenere una pasta omogenea.

3 Tagliate a metà i bagel e passateli nel tostapane. Tagliate il tofu a fette e fatele grigliare per 2 minuti da ciascun lato in una padella antiaderente.

4 Spalmate sulla base di ciascun bagel la purea di fave, aggiungete il tofu e un po' di alfalfa, poi rimettete i cappelli ai bagel. Consumate subito.

CONSIGLIO: Se non riuscite a trovare i bagel freschi, potete prepararli voi oppure acquistarli surgelati.

IL PARERE DELLA NUTRIZIONISTA

Grazie alle lenticchie e ai ceci questi burger vegetariani sono un'eccellente fonte di fibre e ferro. Allo scopo di far aumentare l'assorbimento del ferro da parte dell'organismo, serviteli con un'insalata di broccoli non troppo cotti, che darà un apporto di vitamina C. Evitate di consumare, nel corso dello stesso pasto, latticini, tè, caffè o alcol, cibi che ridurrebbero la capacità di assorbimento di questo oligoelemento.

BURGER DI LENTICCHIE VERDI *e ceci*

PER 4 PERSONE
PREPARAZIONE: 15 MIN · COTTURA: 30 MIN CIRCA

* 100 g di lenticchie verdi
* 200 g di ceci in scatola
* 120 g di farina
* 1 uovo
* 1 cucchiaino di curcuma
* 2 cucchiai di olio di oliva
* 4 fette di cheddar
* 4 panini da burger
* 150 g di semi germogliati
* ketchup o senape (facoltativi)
* sale e pepe

1 Fate cuocere le lenticchie per 25 minuti in abbondante acqua bollente; salate alla fine della cottura. Scolatele insieme ai ceci. Versate i legumi in un frullatore e aggiungete la farina, l'uovo, la curcuma, sale e pepe. Frullate fino a ottenere una pasta omogenea.

2 Suddividete la pasta in quattro palline, che appiattirete leggermente tra le mani. Mettete l'olio a scaldare in una padella e fatevi rinvenire i burger 3 minuti per lato. Posate una fettina di cheddar su ciascun burger, incoperchiate e fate fondere il formaggio.

3 Passate i panini nel tostapane. Posate i burger sulle basi dei panini, aggiungete i germogli, eventualmente un po' di ketchup o di senape, in base al vostro gusto, e richiudete i panini. Serviteli subito.

CONSIGLIO: Perché non vi lanciate nella preparazione dei panini da burger? Saranno di certo migliori di quelli in commercio e potreste guarnirli con semi a vostra scelta: di lino, zucca, sesamo...

IL PARERE DELLA NUTRIZIONISTA

Queste gallette di farina di ceci non contengono glutine, quindi possono essere consumate da chi non lo tollera. Sono una fonte molto apprezzabile di manganese, folati (vitamina B9) e rame, anche se i tassi di questi minerali sono più importanti nei ceci cotti in acqua che nella farina che se ne ricava.

GALLETTE DI FARINA DI CECI
con salsa di yogurt ed erbe

PER 4 PERSONE
PREPARAZIONE: 10 MIN - COTTURA: 10 MIN

Per le gallette
* 250 g di farina di ceci
* 1 cucchiaino di sale

Per la salsa
* 1 mazzetto di erbe varie (aneto, cipollina, prezzemolo, basilico...)
* 1 yogurt greco (125 g)
* sale e pepe

1 Preparate la salsa. Tritate le erbe e incorporatele allo yogurt. Salate e pepate. Tenete al fresco.

2 Preparate le gallette. Preriscaldate il forno a 200 °C. In una terrina mescolate la farina di ceci con 50 cl di acqua e il sale e impastate fino a ottenere una pasta omogenea. Stendete la pasta in uno spessore di 6-7 mm su una placca ricoperta di carta forno. Infornate per 10 minuti.

3 Togliete la placca dal forno. Con l'aiuto di uno stampino ritagliate nella pasta cotta dei dischi (o dei rettangoli, con un coltello). Consumate le gallette calde o fredde, accompagnate dalla salsa alle erbe.

CONSIGLIO
Queste gallette diventano un dessert se le servite con una composta di frutta o una confettura a scelta.

IL PARERE DELLA NUTRIZIONISTA

Le zucche sono un'eccellente fonte di vitamina A, chiamata anche "retinolo". Questa vitamina è un antiossidante che contribuisce alla buona salute della pelle e degli occhi, favorendo la visione notturna. L'associazione di fagioli e formaggio fa di questo gratin una fonte di proteine equilibrate, perché vi si trova un insieme di aminoacidi indispensabili all'organismo.

GRATIN DI ZUCCA *e fagioli rossi*

PER 4 PERSONE
PREPARAZIONE: 10 MIN · COTTURA: 40 MIN CIRCA

* 1 zucca butternut
* 1 cipolla
* 800 g di fagioli rossi in scatola
* 1 cucchiaio di olio di oliva
* 250 g di ricotta
* 100 g di emmental grattugiato
* sale e pepe

1 Preriscaldate il forno a 180 °C. Togliete la scorza alla zucca e tagliatela a pezzetti. Sbucciate e affettate la cipolla. Scolate i fagioli.

2 Mettete l'olio a scaldare in una padella e fatevi rinvenire la cipolla, la zucca e i fagioli. Salate e pepate. Lasciate cuocere per 10 minuti a fuoco dolce.

3 Distribuite le verdure in una teglia da forno. Ricopritele con la ricotta sminuzzata e cospargete l'emmental. Infornate per 30 minuti. Servite caldo.

CONSIGLIO: Potete profumare questo gratin con il rosmarino. Sfogliatene un rametto e cospargetelo sulle verdure prima dei formaggi.

CONSIGLIO
Fate precedere questo piatto da una tazza di zuppa di legumi: un pranzo invernale molto saporito e confortante.

IL PARERE DELLA NUTRIZIONISTA

È opportuno utilizzare i porri interamente, cioè sia la parte bianca, sia quella verde. Se il tenore di fibre di quest'ortaggio è quasi uguale nelle sue due parti, non è lo stesso per quanto riguarda le vitamine. Infatti, a differenza del bianco del porro, il verde è ricco di vitamina C e di carotene, una provitamina A poi trasformata dall'organismo in vitamina A.

TORTA
di farina di piselli secchi, con porri e carote

PER 8 PERSONE
PREPARAZIONE: 15 MIN - COTTURA: 50 MIN CIRCA

* 1 arancia
* 3 porri
* 2 carote
* 2 uova
* 20 cl di panna di soia o di panna da cucina
* sale
* 30 g di semi di zucca
* burro e farina per lo stampo

Per la pasta
* 100 g di farina di piselli secchi
* 80 g di farina di frumento
* ½ cucchiaino di sale
* 5 cucchiai di olio di oliva

1 Preparate la pasta. Mescolate le farine, l'olio e un pizzico di sale con 3 cucchiai di acqua e impastate rapidamente fino a ottenere una pasta non collosa. Fate una palla con la pasta e poi stendetela in uno spessore di 5 mm sul piano di lavoro infarinato. Imburrate e infarinate uno stampo e adagiatevi la pasta.

2 Asportate la scorza dell'arancia e spremete il frutto. Lavate e affettate i porri. In una casseruola fate cuocere i porri con il succo e la scorza dell'arancia, fino a che saranno teneri. Pelate e grattugiate le carote.

3 Preriscaldate il forno a 180 °C. Sbattete le uova con la panna di soia e il sale. Mescolatele con i porri e le carote. Versate il tutto sulla base di pasta. Insaporite con i semi di zucca. Infornate per 40 minuti. Servite la torta calda o tiepida.

CONSIGLIO: Accompagnate la torta con un'insalatina di stagione condita con olio di noci. Un pasto semplice, sano e delizioso!

IL PARERE DELLA NUTRIZIONISTA

Questo baklava è ricco di proteine grazie al seitan e, in misura inferiore, alle mandorle. Non è adatto alle persone intolleranti al glutine, perché il seitan consiste essenzialmente in glutine di frumento. I pomodori, se coltivati all'aperto e maturi, possono apportare una quantità interessante di antiossidanti e di vitamina C.

BAKLAVA
con seitan e pomodori

PER 8 PERSONE
PREPARAZIONE: 15 MIN · COTTURA: 50 MIN CIRCA

* 2 cipolle
* 1 spicchio di aglio
* 4 pomodori freschi
* 200 g di pomodori sott'olio
* 2 cucchiai di olio di oliva
* 1 cucchiaino di cannella in polvere
* 250 g di seitan
* 100 g di mandorle
* 20 g di burro
* 9 fogli di pasta fillo

1 Sbucciate e affettate le cipolle. Sbucciate e schiacciate l'aglio. Tagliate a cubetti i pomodori freschi e a pezzi quelli conservati. In una padella fate rinvenire le cipolle nell'olio. Aggiungete l'aglio e la cannella, salate a fate caramellare per 7-8 minuti a fuoco dolce. Aggiungete i due tipi di pomodoro e proseguite la cottura per altri 10 minuti.

2 Preriscaldate il forno a 180 °C. Tagliate a pezzi il seitan. Tritate le mandorle. Fate fondere il burro e, con l'aiuto di un pennello, spennellate i fogli di pasta fillo. Sovrapponete i fogli a tre a tre.

3 Mettete il primo gruppo di fogli sul fondo di uno stampo da forno. Versate la metà dei pomodori, poi la metà del seitan e delle mandorle. Posate il secondo gruppo di fogli e versate il resto dei pomodori, del seitan e delle mandorle. Ricoprite con gli ultimi fogli. Con un coltello incidete la superficie a losanghe o rettangoli. Infornate per 30 minuti. Servite tiepido.

BUONO A SAPERSI: Questa ricetta è ispirata al famoso baklava, dessert farcito di pistacchi e irrorato di miele. Se amate il gusto dolce-salato, potete aggiungere qualche dattero.

IL PARERE DELLA NUTRIZIONISTA

Le nocciole e l'olio di oliva apportano buoni acidi grassi che giocano un ruolo preponderante nella prevenzione delle malattie cardiovascolari. Fanno abbassare il tasso del colesterolo "cattivo" e aumentare quello "buono". Le nocciole sono anche ricche di antiossidanti che proteggono le cellule dai radicali liberi, responsabili dell'invecchiamento cellulare.

TORTA
con lenticchie germogliate e spinaci

PER 8 PERSONE
PREPARAZIONE: 15 MIN - COTTURA: 45 MIN

* 1 kg di spinaci freschi
* 100 g di feta
* 50 g di nocciole
* 200 g di lenticchie germogliate
* 2 uova
* 20 cl di panna di soia o di panna da cucina
* sale
* 30 g di semi di zucca
* burro e farina per lo stampo

Per la pasta
* 180 g di farina di frumento
* 5 cucchiai di olio di oliva
* sale

1 Preparate la pasta. Mescolate la farina con l'olio, un pizzico di sale e 3 cucchiai circa di acqua fredda. Impastate rapidamente, poi formate una palla. In seguito stendete la pasta in uno spessore di 5 mm sul piano di lavoro infarinato. Imburrate e infarinate una tortiera di 26 cm di diametro, adagiatevi la pasta.

2 Preriscaldate il forno a 180 °C. Lavate gli spinaci e fateli cuocere per 5 minuti, a fuoco dolce, in una padella antiaderente. Tagliate a cubetti la feta. Tritate le nocciole.

3 Sulla base di pasta distribuite gli spinaci, la feta, le nocciole e le lenticchie germogliate. Sbattete le uova con la panna di soia e un pizzico di sale. Versatele sulla farcitura e cospargete i semi di zucca. Infornate per 40 minuti. Servite la torta calda o tiepida.

VARIANTE: Questa torta è deliziosa in estate con pomodori e zucchine a rondelle al posto degli spinaci.

IL PARERE DELLA NUTRIZIONISTA

Questo crumble è, grazie alle bietole, alle mandorle e alla quinoa, un vero e proprio concentrato di fibre molto utili nella lotta contro la stitichezza. Oltre al loro ruolo nel transito intestinale, le fibre permettono di sentirsi sazi a lungo, fatto che interesserà tutti coloro che vogliono evitare gli spuntini pomeridiani.

CRUMBLE DI ZUCCHINE E BIETOLE

con quinoa e mandorle

PER 8 PERSONE
PREPARAZIONE: 15 MIN · COTTURA: 55 MIN

* 1 kg di bietole
* 2 zucchine
* 2 cucchiai di olio di oliva
* sale

Per il crumble

* 200 g di quinoa cotta
* 120 g di mandorle a lamelle
* 100 g di formaggio grattugiato

1 Preriscaldate il forno a 180 °C. Preparate la pasta del crumble mescolando la quinoa, le mandorle e il formaggio.

2 Asportate la parte verde delle bietole e tagliatela. Fate a pezzetti le coste. Tagliate a fiammifero le zucchine con l'apposito attrezzo.

3 Mettete l'olio a riscaldare in una casseruola e fatevi cuocere le coste e le zucchine per 10 minuti, a fuoco dolce. Salate, aggiungete le foglie delle bietole e proseguite la cottura per 15 minuti. Scolate le verdure.

4 Mettete le verdure in una teglia da forno o in quattro teglie individuali. Ricopritele con il crumble. Infornate per 30 minuti. Consumate caldo.

CONSIGLIO

Per introdurre in questo crumble una nota di colore, potete aggiungere delle carote grattugiate o dei pezzetti di zucca.

IL PARERE DELLA NUTRIZIONISTA

Il latte di cocco si ricava dalla polpa della noce di cocco macinata, miscelata ad acqua e poi filtrata. Il suo apporto energetico è quasi identico a quello della panna fresca con il 20% di grassi, ma i nutrimenti che contiene sono molto diversi. Il latte di cocco presenta il vantaggio di essere molto ricco di ferro, rame e manganese. La sua associazione alle lenticchie fa di questa minestra un'eccellente fonte di ferro.

MINESTRA DI LENTICCHIE
con latte di cocco e alfalfa

PER 6 PERSONE
PREPARAZIONE: 10 MIN · COTTURA: 30 MIN

* 1 cipolla
* 2 cucchiai di olio di oliva
* 150 g di lenticchie verdi
* 20 cl di latte di cocco
* 100 g di alfalfa (germogli di erba medica)
* sale e pepe

1 Sbucciate e tritate la cipolla. Mettete a scaldare l'olio in una casseruola e fatevi rinvenire la cipolla a fuoco medio. Aggiungete le lenticchie mescolando con un cucchiaio di legno, poi versate 50 cl di acqua e il latte di cocco. Fate cuocere a fuoco dolce per 30 minuti.

2 Una volta che le lenticchie saranno cotte, frullate finemente la minestra, salate e pepate. Versate la minestra nelle fondine e cospargete l'alfalfa poco prima di servire.

CONSIGLIO: Aggiungete foglie di coriandolo fresco per dare una nota orientale alla minestra.

IL PARERE DELLA NUTRIZIONISTA

Ancora una ricetta interessante per coloro che desiderano maggiori apporti di ferro senza consumare carne. In effetti i fagioli bianchi sono molto ricchi di ferro; la loro associazione con il prezzemolo e, in misura minore, l'aglio e i piselli, buone fonti di vitamina C, permette di ottimizzare l'assorbimento del ferro da parte dell'organismo. Si raccomanda in particolare agli adolescenti e alle giovani donne che hanno spesso carenza di ferro.

MINESTRONE *estivo*

PER 4 PERSONE
AMMOLLO: 12 H · PREPARAZIONE: 10 MIN · COTTURA: 1 H 15

* 200 g di fagioli bianchi
* 2 dadi da brodo vegetale
* 2 zucchine
* 200 g di pomodori ciliegini
* 100 g di piselli freschi o surgelati
* 10 gambi di prezzemolo
* 1 spicchio di aglio
* 1 cucchiaio di olio di oliva
* sale e pepe

1 La sera prima mettete a bagno i fagioli e lasciateveli per 12 ore. Il giorno dopo sciacquateli e fateli cuocere per 1 ora in abbondante acqua bollente con un dado. Scolateli e raffreddateli sotto l'acqua corrente.

2 Fate sciogliere l'altro dado in 1,5 l di acqua bollente. Tagliate a dadini le zucchine e mettetele in una casseruola. Aggiungete i ciliegini e i piselli. Versate il brodo sulle verdure, portate a ebollizione, poi versate i fagioli. Salate e pepate, aggiungete le foglie del prezzemolo, l'aglio sbucciato e l'olio di oliva. Proseguite la cottura per 15 minuti a fuoco medio. Servite subito.

VARIANTE: Per un minestrone invernale, sostituite i ciliegini e le zucchine con carote e sedano rapa.

IL PARERE DELLA NUTRIZIONISTA

Durante i primi freddi è opportuno approfittare del calore e del profumo confortante di una zuppa o di una minestra. In questa zuppa autunnale l'associazione di fagioli bianchi e funghi apporta molte fibre. Queste permettono di lottare contro la stanchezza intestinale. I fagioli, inoltre, contengono amido, un glucide che, arrivando nel colon, agisce come un probiotico per nutrire i batteri che assicurano la migliore efficienza alla flora intestinale.

ZUPPA *autunnale*

PER 4 PERSONE
PREPARAZIONE: 15 MIN · COTTURA: 20 MIN CIRCA

* 300 g di funghi di bosco, freschi o surgelati
* 2 scalogni
* 1 spicchio di aglio
* 500 g di fagioli bianchi in scatola
* 10 g di burro
* 20 cl di panna di soia o di panna da cucina
* 1 dado da brodo vegetale
* sale e pepe

1 Strofinate delicatamente i funghi, levando la terra intorno ai gambi. Passateli sotto l'acqua corrente, tagliate a pezzi i più grossi. (Se i funghi sono surgelati, fateli scongelare.) Tenetene da parte qualcuno per la decorazione. Sbucciate e tritate gli scalogni. Sbucciate e schiacciate l'aglio. Scolate i fagioli.

2 Mettete a scaldare il burro in una casseruola e fatevi rinvenire i funghi con gli scalogni per 3-4 minuti a fuoco medio. Aggiungete i fagioli, l'aglio, 40 cl di acqua, la panna di soia e il dado spezzettato. Fate cuocere per 15 minuti a fuoco dolce.

3 Passate la zuppa nel frullatore. Versatela nella zuppiera, aggiungete i funghi messi da parte e servitela subito.

UN'IDEA: E se faceste una passeggiata nei boschi per raccogliere i funghi? Un buon motivo per stare all'aria aperta e a contatto con la natura. Per assicurarvi che siano commestibili, consultate l'Ufficio di igiene.

IL PARERE DELLA NUTRIZIONISTA

Le proteine apportate dai piselli secchi non sono complete, e questo significa che non contengono tutti gli aminoacidi essenziali. Per completare il pasto, aggiungete un antipasto a base di cereali (quinoa, riso ecc.) o prevedete un dessert ricco di frutta secca, per esempio di noci.

PASSATO DI PISELLI SECCHI *e zucchine*

PER 4 PERSONE
PREPARAZIONE: 10 MIN · COTTURA: 1 H

* 400 g di piselli secchi
* 1 cipolla
* 4 zucchine
* 10 cl di panna di soia o di panna da cucina
* sale e pepe

1 Portate a ebollizione dell'acqua in una pentola capiente. Versatevi i piselli secchi. Fate sobbollire per 45 minuti. Nel frattempo tagliate a pezzi la cipolla e le zucchine.

2 Aggiungete nella pentola la cipolla e le zucchine e fate cuocere per altri 15 minuti. Scolate le verdure tenendo da parte il liquido di cottura. Frullatele aggiungendo a poco a poco questo liquido fino alla consistenza desiderata. Salate e pepate, poi incorporate la panna di soia. Consumate subito.

BUONO A SAPERSI: Preparate questo passato per 8 persone e congelatene la metà in parti individuali. Sarà un vero piacere "riscoprirlo" quando il frigorifero è vuoto o non si ha il tempo per cucinare.

IL PARERE DELLA NUTRIZIONISTA

La melanzana è un ortaggio estivo dalle proprietà drenanti e diuretiche grazie al suo forte tenore di potassio associato a un basso tenore di sodio. Se utilizzate melanzane non trattate, non pelatele. La buccia viola scuro è infatti molto ricca di antiossidanti, molecole che probabilmente giocano un ruolo capitale nella prevenzione delle malattie cardiovascolari e del cancro.

RAGÙ DI MELANZANE
con fave e zucchine

PER 4 PERSONE
PREPARAZIONE: 15 MIN · COTTURA: 1 H E 15 MIN

* 2 melanzane
* 3 cucchiai di olio di oliva
* 1 rametto di origano
* 1 cipolla
* 1 spicchio di aglio
* 200 g di pomodori sott'olio
* 300 g di fave fresche sbucciate e pelate
* 2 zucchine
* sale e pepe

1 Preriscaldate il forno a 180 °C. Tagliate a cubetti le melanzane e irroratele con 2 cucchiai di olio. Distribuitele su una placca da forno in un solo strato, cospargete l'origano, salate e pepate. Infornate per 15 minuti.

2 Nel frattempo sbucciate e tritate la cipolla e l'aglio. Fateli rinvenire per 2-3 minuti in un tegame con 1 cucchiaio di olio. Aggiungete i pomodori e le fave. Fate cuocere per 10 minuti a fuoco dolce.

3 Tagliate a cubetti le zucchine. Aggiungetele, così come le melanzane, nel tegame. Fate cuocere per 1 ora a fuoco molto basso. Servite subito.

CONSIGLIO: Degustate questo ragù con riso integrale o quinoa.

VARIANTE: Se amate il croccante, potete aggiungere nel tegame, insieme alle fave, una manciata di mandorle fresche.

IL PARERE DELLA NUTRIZIONISTA

Le verdure farcite possono essere consigliate alle persone che soffrono di intolleranza al glutine (se si verifica l'assenza di contaminazione del miglio da parte di altri cereali contenenti glutine).

L'associazione di miglio, quinoa e formaggio ottimizza la qualità delle proteine apportate da questo piatto. Va messo in evidenza l'importante apporto di vitamina C grazie ai peperoni e al prezzemolo.

POMODORI E ZUCCHINE FARCITI *di quinoa e miglio*

PER 6 PERSONE
PREPARAZIONE: 15 MIN · COTTURA: 1 H

* 300 g di quinoa
* 200 g di miglio
* 4 pomodori cuore di bue
* 2 zucchine piccole
* 1 scalogno
* 1 spicchio di aglio
* 1 mazzetto di prezzemolo
* 1 peperone rosso
* 100 g di feta
* 1 uovo
* sale e pepe

1 Sciacquate con cura la quinoa e il miglio. Fateli cuocere in abbondante acqua bollente per 25 minuti. Scolateli.

2 Preriscaldate il forno a 180 °C. Tagliate i pomodori a due terzi e svuotateli delicatamente. Tagliate a metà le zucchine nel senso della lunghezza e svuotatele. Sbucciate e tritate lo scalogno e l'aglio. Tagliuzzate il prezzemolo. Tagliate a metà il peperone, levate i semi e le parti bianche, poi tagliatelo a pezzetti.

3 In un'insalatiera mescolate la quinoa, il miglio, la feta spezzettata, lo scalogno e l'aglio, il peperone, l'uovo sbattuto e il prezzemolo. Salate e pepate. Farcite i pomodori e le zucchine con questo impasto. Infornate per 35 minuti. Servite subito.

IL PARERE DELLA NUTRIZIONISTA

La curcuma deve il suo nome alla curcumina, una sostanza le cui proprietà antiossidanti sono state dimostrate *in vitro* e negli animali. Nella medicina tradizionale questa pianta delle regioni tropicali è utilizzata per le sue proprietà antinfiammatorie e per la sua azione protettrice del fegato. L'aggiunta di pepe in questo curry aumenta in modo importante l'assorbimento della curcuma da parte dell'organismo.

CURRY *ai piselli secchi e alle fave*

PER 4 PERSONE
AMMOLLO: 12 H · PREPARAZIONE: 20 MIN · COTTURA: 1 H CIRCA

* 300 g di piselli secchi
* curcuma fresca (2 cm di lunghezza)
* zenzero fresco (2 cm di lunghezza)
* 1 cipolla
* 2 carote
* 4 gambi di sedano
* 1 limone
* 2 cucchiai di olio di oliva
* 200 g di fave fresche, sbucciate e pelate
* 40 cl di latte di cocco
* qualche gambo di coriandolo fresco
* sale e pepe

1 La sera prima mettete a bagno i piselli e lasciateveli per 12 ore. Il giorno dopo sciacquateli e fateli cuocere in abbondante acqua bollente per 30 minuti; salate al termine della cottura. Scolateli.

2 Sbucciate la curcuma e lo zenzero; grattugiateli finemente. Sbucciate e tritate la cipolla. Pelate le carote e affettatele. Tagliate a pezzi i gambi di sedano. Grattugiate la scorza del limone.

3 In un tegame fate rinvenire la cipolla, le carote e il sedano in olio caldo, a fuoco vivo, per 3-4 minuti. Aggiungete la curcuma, lo zenzero, un pizzico di pepe e mescolate. Aggiungete i piselli, le fave, la scorza grattugiata, poi versate il latte di cocco. Incoperchiate, salate e fate cuocere per 30 minuti a fuoco dolce. Decorate con il coriandolo e servite subito.

CONSIGLIO: Se vi manca la curcuma fresca, più difficile da trovare dello zenzero fresco, utilizzate 2 cucchiaini di curcuma in polvere.

CONSIGLIO Consumate questo curry con riso basmati o riso thai.

IL PARERE DELLA NUTRIZIONISTA

L'associazione di verdure secche e di verdure fresche rende questo piatto ben equilibrato. Le proteine sono apportate dai fagioli bianchi. Consumando questi legumi con un bel pezzo di pane integrale ottimizzerete la complementarietà degli aminoacidi. Attenzione! Questo piatto è molto ricco di sale e quindi non dovrebbe figurare troppo spesso nella dieta delle persone che devono limitare gli apporti di sodio.

FAGIOLI BIANCHI
con verdure grigliate e salsa di miso

PER 4 PERSONE
AMMOLLO: 12 H · PREPARAZIONE: 15 MIN
COTTURA: 1 H 30 · RIPOSO: 30 MIN

* 400 g di fagioli bianchi
* 1 dado da brodo vegetale
* 2 peperoni rossi
* 2 zucchine
* 1 melanzana
* 2 cucchiai di olio di oliva

Per la salsa di miso

* 1 cucchiaio di pasta di miso
* 1 cucchiaio di zucchero
* 1 cucchiaio di mirin (liquore giapponese)
* 1 cucchiaio di salsa di soia

1 La sera prima mettete a bagno i fagioli e lasciateveli per 12 ore. Il giorno dopo sciacquateli e fateli cuocere, per 1 ora, in abbondante acqua bollente con il dado. Scolateli e teneteli al caldo.

2 Durante la cottura dei fagioli mettete i peperoni nel forno acceso e rigirateli più volte fino a che la buccia annerisce. Metteteli poi in un sacchetto di plastica che chiuderete ermeticamente. Trascorsi 30 minuti aprite il sacchetto. Asportate la buccia dei peperoni e tagliatene la polpa a strisce, eliminando i semi.

3 Preriscaldate il forno a 180 °C. Fate a pezzi le zucchine e la melanzana e passatele in olio. Ponetele in un solo strato su una placca da forno ricoperta di carta forno e infornate per 15 minuti. Girate le verdure e proseguite la cottura per altri 10 minuti.

4 Preparate la salsa di miso mescolando tutti gli ingredienti in una scodella. Versatela sui fagioli e mescolate. Aggiungete le verdure grigliate.

CONSIGLIO
Se non avete il tempo per fare ammollare i fagioli, usate quelli in scatola.

IL PARERE DELLA NUTRIZIONISTA

Nella cucina asiatica i fagioli azuki sono spesso utilizzati nella pasticceria. Vengono così trasformati in una specie di pasta dolcificata con miele. Qui si tratta di una ricetta salata il cui apporto di proteine è ben equilibrato grazie all'associazione di fagioli e farro spelta. Nella medicina tradizionale i fagioli azuki sono ricercati per le loro proprietà drenanti e diuretiche dovute al debole tenore di sodio e alla ricchezza di potassio.

FARRO, AZUKI E CIPOLLA ROSSA *in cocotte*

PER 4 PERSONE
AMMOLLO: 12 H · PREPARAZIONE: 10 MIN · COTTURA: 1 H 20

* 300 g di fagioli azuki
* 300 g di farro spelta
* 2 cucchiai di olio di oliva
* 1 cipolla rossa
* sale e pepe

1 La sera prima mettete a bagno separatamente i fagioli azuki e il farro e lasciateveli per 12 ore.

2 Il giorno dopo preriscaldate il forno a 180 °C. Mettete i fagioli in una pentola di acqua fredda e portate a ebollizione. Buttate l'acqua, ripetete l'operazione e fate cuocere per 1 ora; salate alla fine della cottura. Mettete il farro in un'altra pentola di acqua fredda, portate a ebollizione e fate cuocere per 40 minuti.

3 Sbucciate e tritate la cipolla. Scolate i fagioli e il farro, mescolateli e distribuiteli in 4 cocotte individuali. Irrorate ciascuna con mezzo cucchiaio di olio e aggiungete un po' di cipolla tritata. Salate e pepate. Infornate per 20 minuti. Servite subito.

IL PARERE DELLA NUTRIZIONISTA

L'apporto di vitamine della carne nel chili tradizionale qui è efficacemente rimpiazzato dal tofu e dai fagioli rossi, la cui associazione permette di soddisfare il nostro bisogno di aminoacidi essenziali. Potete ottimizzarla terminando il pasto con un latticino e frutti oleaginosi. Le spezie e i peperoni contribuiscono ad aumentare l'apporto di antiossidanti di questo piatto.

CHILI
senza carne

PER 4 PERSONE
PREPARAZIONE: 15 MIN · COTTURA: 1 H 10

- 2 cipolle
- 2 zucchine
- 2 peperoni rossi
- 2 cucchiai di olio di oliva
- 1 cucchiaio di cannella
- 1 cucchiaio di cumino in polvere
- 1 cucchiaino di peperoncino in polvere
- 800 g di fagioli rossi in scatola
- 500 g di pomodori pelati in scatola
- 400 g di tofu al naturale
- qualche gambo di cerfoglio o di coriandolo
- sale e pepe

1 Sbucciate e tritate le cipolle. Tagliate a dadini le zucchine. Tagliate a metà i peperoni, asportate i semi e la parte bianca, poi fate la polpa a pezzetti.

2 Mettete a scaldare l'olio in un tegame e fatevi rinvenire le verdure per 5 minuti a fuoco vivo. Abbassate il fuoco e aggiungete la cannella, il cumino e il peperoncino; fate cuocere per 2-3 minuti.

3 Scolate i fagioli e versateli nel tegame. Aggiungete i pelati, salate e pepate. Mescolate e fate cuocere a fuoco medio per 30 minuti circa, mescolando con regolarità affinché le verdure non si attacchino.

4 Aggiungete il tofu spezzettato ed eventualmente un po' di acqua se trovate il chili troppo denso. Proseguite la cottura per altri 30 minuti. Decorate con i gambi di coriandolo o cerfoglio. Consumate subito.

CONSIGLIO: Servite il chili con riso aromatico, del guacamole e una salsa allo yogurt e alle scorze di limone verde.

IL PARERE DELLA NUTRIZIONISTA

Pur essendo vero che castagne e funghi sono tra i vegetali commestibili che contengono più proteine, non ne contengono abbastanza da fornire da soli gli apporti proteici di un pasto. Completate quindi questa padellata autunnale con una fonte di proteine animali, se ne consumate, oppure con del tofu se avete adottato un'alimentazione strettamente vegetariana.

PADELLATA DI CASTAGNE *e funghi*

PER 4 PERSONE
PREPARAZIONE: 15 MIN · COTTURA: 16 MIN

* 300 g di funghi gallinacci
* 200 g di altri funghi (trombette, gambesecche...) o di funghi coltivati
* 2 cucchiai di olio di oliva
* 200 g di castagne conservate
* 1 spicchio di aglio
* 2 gambi di origano o di timo
* sale e pepe

1 Strofinate delicatamente i funghi, levando la terra dai gambi. Passateli sotto l'acqua corrente e tagliate in pezzi i più grossi. Tuffate per 1 minuto i gallinacci in acqua bollente salata.

2 Mettete a scaldare l'olio in un tegame largo e fatevi rinvenire i funghi e le castagne per 5 minuti, a fuoco vivo. Abbassate la fiamma, aggiungete l'aglio schiacciato e l'origano. Salate e pepate. Proseguite la cottura per altri 10 minuti. Consumate con l'accompagnamento di un'insalata.

BUONO A SAPERSI: Il fatto di sbollentare i gallinacci permette di eliminarne il gusto amarognolo naturale. Fuori stagione, potete preparare questo piatto usando funghi surgelati.

IL PARERE DELLA NUTRIZIONISTA

Qui le proprietà nutrizionali degli ingredienti si potenziano. L'associazione di riso e lenticchie permette l'eccellente complementarietà degli aminoacidi essenziali. Il succo di limone, ricco di vitamina C, facilita l'assorbimento del ferro contenuto nelle lenticchie. La curcuma, infine, apporta le sue proprietà antinfiammatorie.

RISO CON LENTICCHIE *all'indiana*

PER 4 PERSONE
PREPARAZIONE: 10 MIN · COTTURA: 35 MIN

* 120 g di lenticchie rosse
* 170 g di riso basmati
* 2 capsule di cardamomo
* zenzero fresco (1 cm di lunghezza)
* curcuma fresca (2 cm di lunghezza)
* 1 cipolla
* 1 spicchio di aglio
* 2 pomodori
* 1 cucchiaio di olio di oliva
* 1 cucchiaio di semi di senape
* il succo di 2 limoni
* 1 mazzetto di coriandolo

1 Fate cuocere le lenticchie e il riso, separatamente, in abbondante acqua bollente salata. Calcolate 15 minuti per le prime e 10 minuti per il secondo. Scolate entrambi.

2 Sbucciate e grattugiate lo zenzero e la curcuma, affettate la cipolla e l'aglio. Spezzettate i pomodori. Mettete a scaldare l'olio in una cocotte e fatevi appassire zenzero, curcuma, cipolla e aglio per 5 minuti. Aggiungete i semi di senape e fate cuocere per 5 minuti a fuoco medio, mescolando con regolarità. Aggiungete i pomodori e il succo di limone e fate cuocere per altri 10 minuti.

3 Tagliuzzate il coriandolo. Aggiungete il riso e le lenticchie nella cocotte e fateli riscaldare rimestando. Cospargete il coriandolo e servite subito.

VARIANTE: Cambiate le verdure in base al vostro gusto e alla stagione: piselli e/carote in primavera, zucchine in estate, zucca in autunno e sedano in inverno.

CONSIGLIO: Se vi manca la curcuma fresca, più difficile da trovare dello zenzero fresco, utilizzate 2 cucchiaini di curcuma in polvere.

IL PARERE DELLA NUTRIZIONISTA

Questo "risotto" a base di quinoa offre un apporto di proteine superiore a quello del risotto classico fatto con il riso, grazie alla ricchezza di proteine di buona qualità della quinoa. Il parmigiano è uno dei formaggi più ricchi di calcio: una porzione di questo piatto fornisce il 30 % circa dell'apporto di calcio quotidiano raccomandato per i giovani adulti.

QUINOA ALLA CURCUMA
a mo' di risotto

PER 4 PERSONE
PREPARAZIONE: 15 MIN - COTTURA: 30 MIN CIRCA

1 In una pentola fate scaldare il brodo con la curcuma, poi mantenetelo sul fuoco a sobbollire mentre preparate il resto.

2 Sciacquate con cura la quinoa. Affettate finemente lo scalogno e la cipolla. In una larga casseruola fateli rinvenire, a fuoco dolce, in 20 g di burro e nell'olio per 5 minuti, rimestando di tanto in tanto finché prendono colore.

3 Aggiungete la quinoa, rimestate, fate cuocere 1 o 2 minuti, versate il vino, fatelo evaporare completamente, poi aggiungete un mestolo di brodo. A partire da questo momento rimestate senza soste con un cucchiaio di legno. Quando il brodo è stato assorbito dalla quinoa, aggiungetene altro e via di seguito fino a che sarà terminato. Questa operazione dura 20 minuti circa; la quinoa dovrà diventare gonfia e tenera.

4 Levate la casseruola dal fuoco e incorporate il resto del burro, un pizzico di pepe e il parmigiano. Servite subito.

VARIANTE: Potete accompagnare la quinoa con punte di asparagi cotte al vapore.

* 1,5 l di brodo di pollo
* 1 cucchiaino di curcuma in polvere
* 350 g di quinoa
* 1 scalogno
* 1 cipolla piccola
* 80 g di burro
* 2 cucchiai di olio di oliva
* 3 cucchiai di vino bianco secco
* 100 g di parmigiano grattugiato
* pepe

IL PARERE DELLA NUTRIZIONISTA

La quinoa è un alimento dalle eccellenti qualità nutrizionali, al punto che la sua coltivazione è promossa dall'Organizzazione delle Nazioni Unite ovunque ci sia rischio di fame. È ricca di proteine, omega 3 e ferro. Il suo indice glicemico è basso, soprattutto quando viene cotta al dente. Priva di glutine, può sostituire farina o pasta in caso di intolleranza a questa proteina.

QUINOA ROSSA E BIANCA
con zucca arrostita

PER 4 PERSONE
PREPARAZIONE: 15 MIN · COTTURA: 40 MIN

* 400 g di quinoa rossa e quinoa bianca
* ½ zucca kabocha
* 4 cucchiai di olio di oliva
* 1 cucchiaino di garam masala
* 4 gambi di prezzemolo
* il succo di un limone
* sale e pepe

1 Preriscaldate il forno a 180 °C. Sciacquate con cura la quinoa, poi fatela cuocere in abbondante acqua bollente salata per 20 minuti.

2 Nel frattempo, togliete la scorza alla zucca e tagliatela a spicchi. In una scodella mescolate 2 cucchiai di olio e il garam masala. Versate il composto sulla zucca. Posate gli spicchi, di piatto, su una placca da forno ricoperta di carta forno; salate e pepate. Infornate per 20 minuti.

3 Spezzettate il prezzemolo. Scolate la quinoa. Versatevi sopra il succo di limone e il resto dell'olio; salate e pepate. Servitela con i pezzi di zucca arrostiti e il prezzemolo.

CONSIGLIO
Tutte le zucche sono buone per questo piatto, per esempio la butternut o la zucca di Napoli.

IL PARERE DELLA NUTRIZIONISTA

Alcuni studi rivelano che il consumo regolare di aglio svolgerebbe un ruolo protettivo da tumori digestivi grazie al suo tenore di antiossidanti. Questi sarebbero più abbondanti quando l'aglio è crudo, come in questo pesto. L'aglio figura nella lista di alimenti che, secondo la Federazione americana di cardiologia, ridurrebbero il rischio di sviluppare malattie cardiovascolari. Se temete l'alito cattivo che segue l'ingestione di aglio, masticate del prezzemolo, della menta o un chicco di caffè.

SPAGHETTI
al pesto di fave

PER 4 PERSONE
PREPARAZIONE: 10 MIN - COTTURA: 25 MIN

* 100 g di fave sbucciate, fresche o surgelate
* 2 spicchi di aglio
* 400 g di spaghetti
* 1 mazzetto di basilico
* 50 g di parmigiano grattugiato + altro per servire
* 30 g di pinoli
* 3 cucchiai di olio di oliva

1 Fate cuocere le fave per 15 minuti in abbondante acqua bollente. Scolatele, poi raffreddatele sotto l'acqua corrente. Sbucciate l'aglio e togliete i germogli.

2 Fate cuocere la pasta in acqua bollente salata per i minuti indicati sulla confezione. Scolatela e tenetela al caldo.

3 Frullate il basilico, il parmigiano, l'aglio e i pinoli versando l'olio a filo. Condite la pasta con questo pesto. Servite accompagnando con altro parmigiano.

BUONO A SAPERSI: Potete consumare questo piatto freddo. In questo caso scegliete pasta corta, come le penne, e aggiungete pomodori ciliegini e striscioline di prosciutto per un'insalata completa.

IL PARERE DELLA NUTRIZIONISTA

Questa crema apporta nello stesso tempo buoni acidi grassi (che hanno un ruolo protettivo nelle malattie cardiovascolari), numerose fibre solubili (quelle che "captano" il colesterolo e i grassi "cattivi") e insolubili (quelle che favoriscono il transito intestinale), ma anche proteine equilibrate e vitamine. Rappresenta quindi un vero cocktail salutare adatto alla prima colazione!

CREMA ALLE BANANE
tipo Budwig

PER 2 PERSONE
PREPARAZIONE: 10 MIN

* 2 yogurt di soia (250 g)
* 1 cucchiaio di olio di noci
* il succo di 1 limone
* 2 banane
* 1 cucchiaio di miele liquido
* 20 g di crusca di avena
* 1 cucchiaio di mandorle a lamelle
* una dozzina di lamponi

1 In una ciotola mescolate lo yogurt con l'olio di noci e il succo di limone. Sbucciate e schiacciate le banane. Mettetele nella ciotola, aggiungete il miele e la crusca di avena e mescolate. Incorporate le mandorle.

2 Suddividete la crema nelle coppette individuali e posatevi sopra i lamponi. Consumate subito.

BUONO A SAPERSI: Questa crema, consigliata per la prima colazione, è l'adattamento di una ricetta creata da Johanna Budwig, ricercatrice e biologa tedesca, e resa celebre dal dottor Kousmine.

IL PARERE DELLA NUTRIZIONISTA

Le fragole fanno parte dei frutti più ricchi di vitamina C. Affinché le vostre fragole conservino il massimo della vitamina, acquistatele da un produttore che le vende subito dopo la raccolta, tenetele al riparo dalla luce e non aspettate troppo a consumarle. Lavatele sempre prima di staccare i piccioli perché non assorbano l'acqua. Questo smoothie delizioso potrà completare un pasto ricco di ferro, di cui favorirà l'assimilazione grazie al suo tenore di vitamina C.

SMOOTHIE ENERGETICO *al latte di soia*

PER UN BICCHIERE DA 25 CL
PREPARAZIONE: 5 MIN

* 250 g di fragole
* 1 banana
* 10 cl di latte di soia
* 15 g di crusca di avena

1 Passate rapidamente le fragole sotto l'acqua, fatele sgocciolare ed eliminate i piccioli. Sbucciate la banana e tagliatela a grossi pezzi.

2 Mettete il latte di soia, le fragole, la crusca di avena e la banana nel frullatore e frullate fino a ottenere una miscela cremosa. Consumate subito.

VARIANTE: Potete sostituire le fragole con un qualsiasi frutto rosso. Se non ne avete a disposizione, usate frutti surgelati per una versione ghiacciata, molto rinfrescante.

IL PARERE DELLA NUTRIZIONISTA

Le mandorle e le noci, contenendo buoni acidi grassi, possono aiutare coloro che hanno il colesterolo alto a farlo diminuire in modo naturale. La loro ricchezza di fibre è anche un vantaggio per il contenimento del peso, soprattutto per coloro che sono affetti da pigrizia intestinale. Si prenda nota anche che le mandorle sono un'eccellente fonte di magnesio.

TABULÈ DI QUINOA
con frutta secca e albicocche

PER 4 PERSONE
PREPARAZIONE: 15 MIN · COTTURA: 15 MIN · RAFFREDDAMENTO: 1 H

* 300 g di quinoa
* 4 cucchiai di miele liquido
* 1 cucchiaio di acqua di fiori d'arancio
* 10 albicocche secche
* 30 g di mandorle pelate
* 20 g di gherigli di noci
* 10 foglie di menta

1. Sciacquate con cura la quinoa. Fatela cuocere per 15 minuti in tre volte il suo volume di acqua bollente. Togliete dal fuoco, coprite la pentola e fate gonfiare per 10 minuti. Fate raffreddare.

2. Aggiungete alla quinoa il miele e l'acqua di fiori d'arancio e mescolate. Conservate al fresco per 1 ora.

3. Tagliate a strisce le albicocche. Tritate le mandorle e le noci. Aggiungete tutti questi ingredienti alla quinoa e mescolate. Disponete sulla superficie le foglie di menta e servite.

VARIANTE: Sostituite albicocche e mandorle con datteri e noci.

CONSIGLIO
Accompagnato da uno yogurt, questo taboulé è un'eccellente prima colazione per l'inverno, quando la frutta fresca scarseggia.

IL PARERE DELLA NUTRIZIONISTA

Grazie alle proteine contenute nelle uova, nelle mandorle, nella farina di castagne e in quella di frumento, questo dolce può completare un pasto il cui tenore proteico sarebbe insufficiente. L'associazione delle proteine vegetali delle farine e delle mandorle e di quelle di origine animale delle uova equilibra gli apporti di aminoacidi essenziali.

DOLCE *alla farina di castagne*

PREPARAZIONE: 10 MIN
COTTURA: 35 MIN

* 1 yogurt (125 g)
* 10 cl di panna densa
* 3 uova
* 100 g di zucchero a velo
* 100 g di farina di frumento
* 100 g di farina di castagne
* 1 bustina di lievito chimico (11 g)
* 50 g di mandorle in polvere
* burro e farina per lo stampo

1 Preriscaldate il forno a 180 °C. Imburrate e infarinate uno stampo da plum-cake di 25 cm di lunghezza, poi mettetelo nel frigorifero.

2 In una ciotola mescolate lo yogurt e la panna, poi aggiungete le uova e lo zucchero. Frustate fino a ottenere un composto spumoso. Aggiungete le farine, il lievito e le mandorle. Mescolate bene per ottenere una pasta omogenea.

3 Versate la pasta nello stampo e infornate per 35 minuti. Sformate il dolce e fatelo raffreddare su una gratella.

CONSIGLIO: Questo dolce allo yogurt è una leccornia sana e nutriente. In base alle vostre preferenze potete aggiungere pezzetti di mela, uva sultanina o anche noci o nocciole tritate.

IL PARERE DELLA NUTRIZIONISTA

L'albicocca è molto ricca di vitamina A: due frutti piccoli forniscono il 50% dell'apporto quotidiano medio raccomandato. È anche ricca di potassio, megnesio, ferro e rame, cosa che la rende un alimento eccellente da consumare dopo uno sforzo sportivo per favorire il recupero dei minerali persi attraverso la traspirazione.

GELATO
alle albicocche con latte di soia

PER 75 CL DI GELATO (6 PERSONE CIRCA)
PREPARAZIONE: 15 MIN · COTTURA: 10 MIN · RAFFREDDAMENTO: 2 H
CONGELAMENTO: 40 MIN CIRCA

* 400 g di albicocche mature
* 200 g di zucchero
* 4 tuorli d'uovo
* il succo di 1 limone
* 20 cl di latte di soia

1 Tagliate a spicchi le albicocche e mettetele in una casseruola insieme allo zucchero. Fate cuocere per 10 minuti circa a fuoco dolce, mescolando di tanto in tanto affinché lo zucchero si sciolga completamente. Fate raffreddare, poi mettete il tutto nel frigorifero per almeno 2 ore.

2 Frullate le albicocche. In una ciotola sbattete i tuorli con un frullino elettrico o una frusta fino a che si schiariscono. Aggiungete il succo di limone, la purea di albicocche e infine il latte di soia.

3 Versate il preparato nella sorbettiera e mettetela in azione seguendo le istruzioni d'uso dell'apparecchio.

VARIANTE: Potete sostituire le albicocche fresche con 200 g di albicocche secche, che farete prima reidratare tenendole immerse in una ciotola di acqua calda per 30 minuti circa.

IL PARERE DELLA NUTRIZIONISTA

Il cioccolato è un alimento molto particolare. Insieme desiderato e demonizzato, è un concentrato di sostanze benefiche per la salute. Ha un potere antiossidante tra i più elevati. Apporta anche numerosi sali minerali, come il magnesio o il ferro, di cui è una delle fonti più ricche. Quanto al suo tenore calorico, da cui nasce la sua cattiva reputazione, dipende semplicemente dalla quantità consumata.

BISCOTTI
di farina di quinoa al cioccolato

PER 20 BISCOTTI
PREPARAZIONE: 10 MIN · COTTURA: 10 MIN

* 125 g di burro
* 50 g di zucchero integrale di canna
* 40 g di fiocchi di avena piccoli
* 4 cucchiai di crusca di avena
* 1 uovo
* 50 g di farina di quinoa
* 100 g di farina di frumento
* 1 bustina di lievito chimico (11 g)
* 50 g di gocce di cioccolato
* sale

1 Preriscaldate il forno a 180 °C. Fate fondere dolcemente il burro.

2 In una ciotola mescolate lo zucchero, i fiocchi e la crusca di avena e il burro fuso. Aggiungete l'uovo, mescolate, poi versate le farine, il lievito e un pizzico di sale. Mescolate ancora fino a ottenere una pasta omogenea. Incorporate le gocce di cioccolato.

3 Ricoprite una placca con carta forno. Con l'aiuto di un cucchiaino depositate mucchietti di pasta spaziati di 6-7 cm. Infornate per 10 minuti. Lasciate raffreddare i biscotti prima di consumarli.

VARIANTE: Potete sostituire le gocce di cioccolato con uvetta sultanina o nocciole tritate.

IL PARERE DELLA NUTRIZIONISTA

I mirtilli contengono una grande varietà di vitamine: vitamina C, la cui azione è potenziata da altre sostanze (i flavonoidi) presenti in questi piccoli frutti, e anche vitamina E, alcune vitamine del gruppo B e un po' di provitamina A che l'organismo trasformerà in vitamina A. Sono anche ricchi di fibre, che favoriscono il transito intestinale.

MUFFIN
ai mirtilli e ai fagioli bianchi

PER 8 MUFFIN
AMMOLLO: 12 H · PREPARAZIONE: 10 MIN · COTTURA: 1 H 20

* 350 g di fagioli bianchi
* 1 arancia non trattata
* 1 uovo
* 60 g di zucchero integrale di canna
* 3 cucchiai di farina
* 1 bustina di lievito chimico (11 g)
* 100 g di mirtilli, freschi o surgelati
* sale

1 La sera prima mettete a bagno i fagioli e lasciateveli per 12 ore. Il giorno dopo sciacquateli e fateli cuocere per 1 ora in abbondante acqua bollente salata. Scolateli e riduceteli in purea nel frullatore.

2 Preriscaldate il forno a 180 °C. Grattugiate la scorza dall'arancia e spremete il frutto. Versate il succo di arancia in una ciotola e aggiungete la purea di fagioli e la scorza grattugiata. Mescolate e aggiungete l'uovo. Incorporate lo zucchero, la farina, il lievito e mirtilli.

3 Versate l'impasto in uno stampo da muffin a otto scomparti contenenti pirottini di carta. Infornate per 20 minuti. Degustateli tiepidi o freddi.

CONSIGLIO: Se utilizzate mirtilli surgelati, aggiungeteli all'impasto senza scongelarli.

IL PARERE DELLA NUTRIZIONISTA

I lamponi, come tutti i frutti molto colorati, sono ricchi di antiossidanti di cui abbiamo bisogno per proteggere le nostre cellule dai radicali liberi. Il tenore di vitamina C di questi piccoli frutti permetterà di ottimizzare l'assorbimento del ferro contenuto nelle mandorle. L'assenza di farina di frumento consente alle persone che sono intolleranti al glutine di consumare questo clafoutis senza alcun rischio.

CLAFOUTIS DI LAMPONI
con crema di mandorle

PER 4 PERSONE
PREPARAZIONE: 10 MIN · COTTURA: 30 MIN

* 500 g di lamponi
* 2 uova intere
* 2 tuorli d'uovo
* 150 g di zucchero a velo
* 1 bustina di zucchero vanigliato
* 60 g di fecola di mais
* 20 cl di latte
* 50 g di crema di mandorle (nei negozi biologici)
* 50 g di mandorle in lamelle

1 Preriscaldate il forno a 180 °C. Imburrate una tortiera larga abbastanza perché i lamponi vi stiano stesi su un solo strato.

2 In una ciotola versate le uova intere e i tuorli. Aggiungete lo zucchero a velo, lo zucchero vanigliato e la fecola. Incorporate il latte e la crema di mandorle, fino a ottenere un impasto fluido.

3 Versate delicatamente l'impasto sui lamponi, poi distribuite le mandorle in lamelle. Infornate per 30 minuti circa. Servite il clafoutis tiepido o freddo.

IL PARERE DELLA NUTRIZIONISTA

La crusca di avena è un alimento ricercato per la sua ricchezza di sali minerali e fibre, che favoriscono una buona digestione. Benché possa in teoria essere consumata dalle persone intolleranti al glutine, che non contiene, è comunque sconsigliata per loro perché contiene una proteina la cui struttura è simile a quella del glutine.

FRITTELLE
di lenticchie rosse

PER 6 PERSONE
PREPARAZIONE: 15 MIN · COTTURA: 35 MIN CIRCA

* 80 g di lenticchie rosse
* 70 g di crusca di avena
* 1 bustina di zucchero vanigliato
* ½ bustina di lievito chimico (6 g)
* sale
* 2 uova
* 2 yogurt al naturale (250 g)
* 20 g di burro

1 Fate cuocere le lenticchie in acqua bollente per 25 minuti. Scolatele e riducetele in purea. Fatele intiepidire.

2 In una ciotola versate la crusca di avena, lo zucchero vanigliato, il lievito e un pizzico di sale. Aggiungete le uova e lo yogurt e mescolate bene. Incorporate la purea di lenticchie.

3 In una padella fate fondere un po' di burro e, quando è ben caldo, versate un mestolino dell'impasto e fatelo cuocere fino a quando si formeranno delle bolle sulla superficie. Rovesciate la frittella e fatela cuocere dall'altro lato. Ripetete l'operazione fino a che l'impasto sarà terminato. Servite le frittelle calde.

CONSIGLIO: Potete servire le frittelle con una composta di lamponi cotti con un po' di zucchero e succo di limone.